Šola - школа   2
Potovanje - падарожжа   5
Prevoz - транспарт   8
Mesto - горад   10
Pokrajina - краявід   14
Restavracija - рэстаран   17
Supermarket - супермаркет   20
Pijače - напоі   22
Hrana - ежа   23
Kmetija - сядзіба   27
Hiša - дом   31
Dnevna soba - жылы пакой   33
Kuhinja - кухня   35
Kopalnica - ванная   38
Otroška soba - дзіцячы пакой   42
Oblačilo - адзенне   44
Pisarna - офіс   49
Gospodarstvo - эканоміка   51
Poklici - прафесіі   53
Orodje - інструменты   56
Glasbeni instrument - музычныя інструменты   57
Živalski vrt - заапарк   59
Šport - спорт   62
Dejavnosti - дзейнасць   63
Družina - сям'я   67
Telo - цела   68
Bolnišnica - шпіталь   72
Nujni primer - экстраная дапамога   76
Zemlja - Зямля   77
Ura - гадзіннік   79
Teden - тыдзень   80
Leto - год   81
Oblike - формы   83
Barve - колеры   84
Nasprotja - супрацьлегласці   85
Števila - лічбы   88
Jeziki - мовы   90
Kdo / kaj / kako - хто / што / як   91
Kje - дзе   92

AF188474

Impressum
Verlag: BABADADA GmbH, Nedderfeld 112 , 22529 Hamburg
Geschäftsführer / Verlagsleitung: Harald Hof
Druck: Books on Demand GmbH, In de Tarpen 42, 22848 Norderstedt

Imprint
Publisher: BABADADA GmbH, Nedderfeld 112 , 22529 Hamburg, Germany
Managing Director / Publishing direction: Harald Hof
Print: Books on Demand GmbH, In de Tarpen 42, 22848 Norderstedt, Germany

Šola

школа

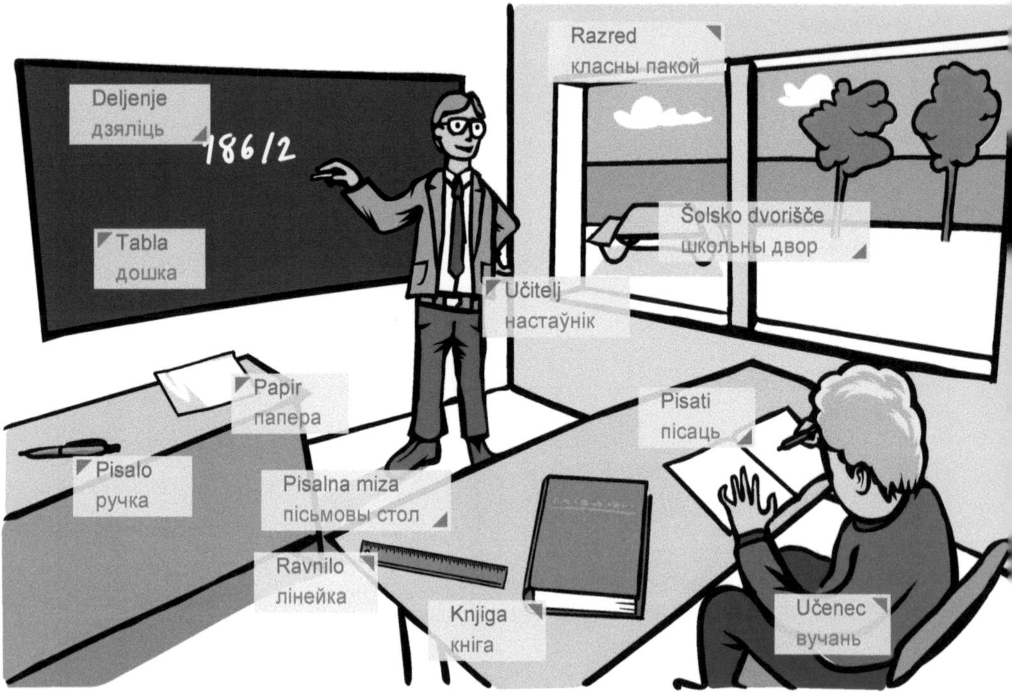

Razred
класны пакой
Deljenje
дзяліць
186/2
Tabla
дошка
Šolsko dvorišče
школьны двор
Učitelj
настаўнік
Papir
папера
Pisati
пісаць
Pisalo
ручка
Pisalna miza
пісьмовы стол
Ravnilo
лінейка
Knjiga
кніга
Učenec
вучань

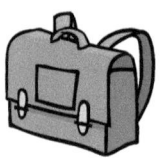

Šolska torba

ранец

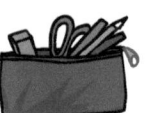

Peresnica

пенал

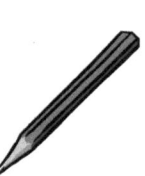

Svinčnik

просты аловак

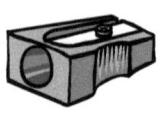

Šilček

тачылка для алоўкаў

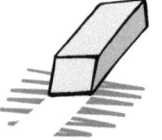

Radirka

гумка

Risalni blok

альбом для малявання

Risba

малюнак

Čopič

пэндзлік

Vodene barvice

фарбы

Škarje

нажніцы

Lepilo

клей

Zvezek

сшытак

Domača naloga

хатняе заданне

Število

лік

Seštevanje

дадаваць

Odštevanje

адымаць

Množenje

множыць

Računanje

лічыць

Črka

літара

Abeceda

алфавіт

Beseda

слова

Besedilo

тэкст

Brati

чытаць

Kreda

крэйда

Učna ura

ўрок

Redovalnica

класны журнал

Preizkus znanja

экзамен

Spričevalo

атэстат

Šolska uniforma

школьная форма

Izobrazba

адукацыя

Enciklopedija

энцыклапедыя

Univerza

універсітэт

Mikroskop

мікраскоп

Zemljevid

карта

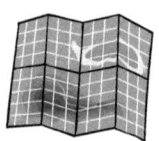

Koš za smeti

смеццевы кошык

Potovanje

падарожжа

Hotel
гатэль
Grand
Hostel
хостэл
ROOMS
EXCHANGE
Menjalnica
абменны пункт
Kovček
чамадан
Avtomobil
аўтамабіль

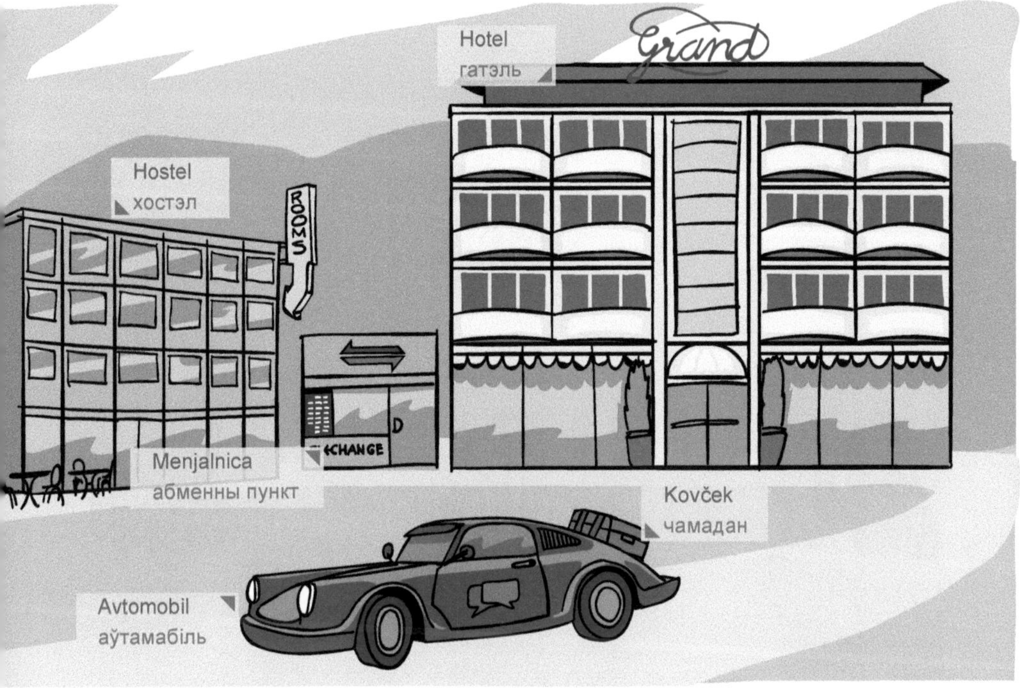

Jezik
мова

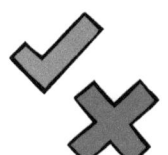

da / ne
так / не

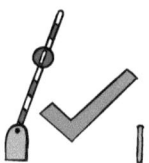

Prav
добра

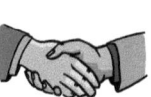

Pozdravljeni
прывітанне!

Prevajalec
перакладчык

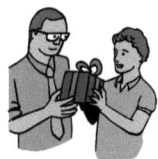

Hvala
дзякуй

Koliko stane...?

Колькі каштуе....?

Ne razumem

я не разумею

Težava

праблема

Dober večer!

Добры вечар!

Dobro jutro!

Добрай раніцы!

Lahko noč!

Дабранач!

Nasvidenje

да пабачэння

Smer

кірунак

Prtljaga

багаж

Torba

сумка

Nahrbtnik

заплечнік

Gost

госць

Soba

пакой

Spalna vreča

спальны мяшок

Šotor

палатка

Turistične informacije

фармацыя для турыстаў

Plaža

пляж

Kreditna kartica

крэдытная картка

Zajtrk

снеданне

Kosilo

абед

Večerja

вячэра

Vozovnica

праязны білет

Dvigalo

ліфт

Znamka

паштовая марка

Meja

мяжа

Carina

мытня

Veleposlaništvo

пасольства

Vizum

віза

Potni list

пашпарт

Prevoz

транспарт

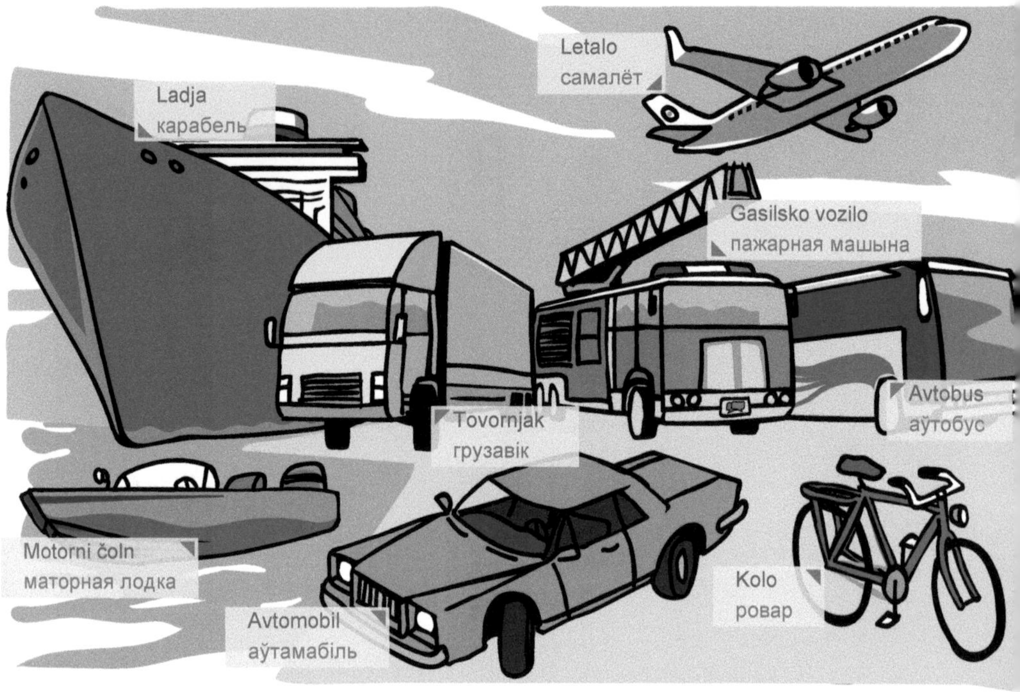
Letalo
самалёт
Ladja
карабель
Gasilsko vozilo
пажарная машына
Avtobus
аўтобус
Tovornjak
грузавік
Motorni čoln
маторная лодка
Kolo
ровар
Avtomobil
аўтамабіль

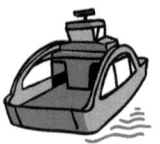

Trajekt

паром

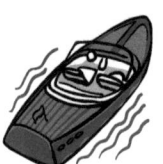

Čoln

лодка

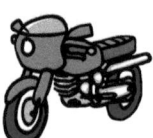

Motorno kolo

матацыкл

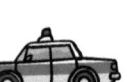

Policijski avto

паліцэйская машына

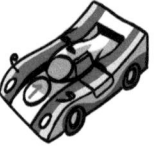

Dirkalni avto

гоначны аўтамабіль

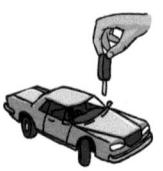

Najeto vozilo

арэндаваны аўтамабіль

Souporaba avtomobila

сумеснае карыстанне аўтамабілем

Avtovleka

эвакуатар

Smetarsko vozilo

смеццявоз

Motor

матор

Gorivo

паліва

Bencinska postaja

запраўка

Prometni znak

дарожны знак

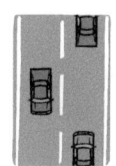

Promet

дарожны рух

Zastoj

затор

Parkirišče

паркоўка

Železniška postaja

чыгуначная станцыя

Tirnice

рэйкі

Vlak

цягнік

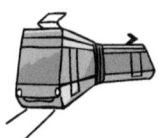

Tramvaj

трамвай

Vagon

вагон

Helikopter
верталёт

Letališče
аэрапорт

Stolp
вежа

Potnik
пасажыр

Kontejner
кантэйнер

Karton
кардонная скрыня

Voziček
тачка

Košara
карзіна

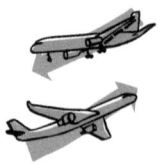

vzleteti / pristati
ўзлятаць / прызямляцца

Mesto
горад

Vas
вёска

Mestno jedro
цэнтр горада

Hiša
дом

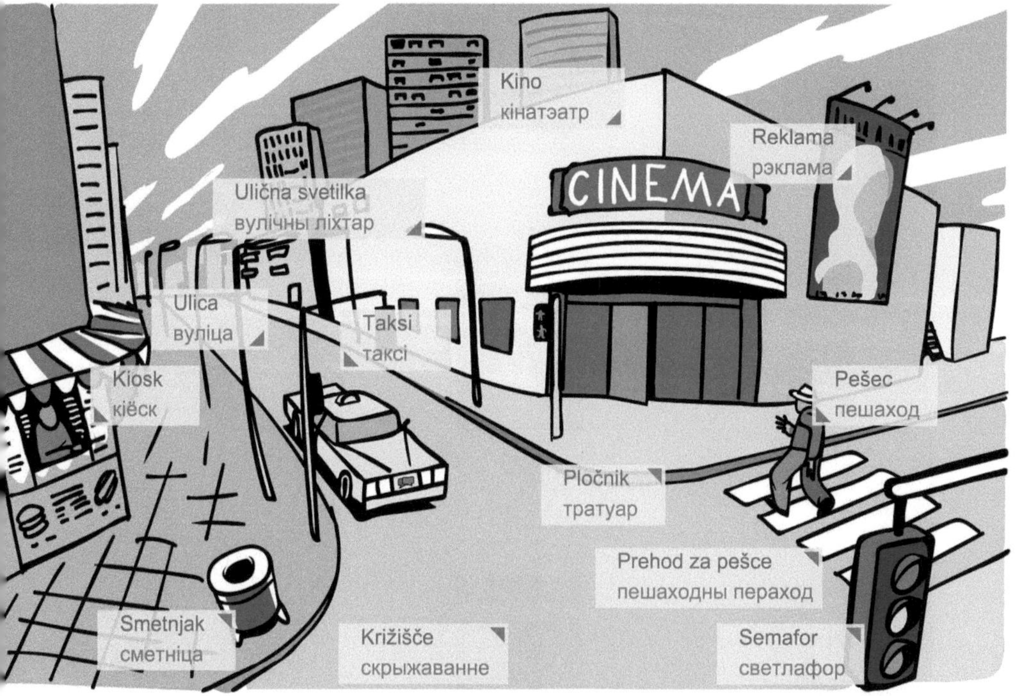

Kino
кінатэатр

Reklama
рэклама

Ulična svetilka
вулічны ліхтар

CINEMA

Ulica
вуліца

Taksi
таксі

Pešec
пешаход

Kiosk
кіёск

Pločnik
тратуар

Prehod za pešce
пешаходны пераход

Smetnjak
сметніца

Križišče
скрыжаванне

Semafor
светлафор

Koča

халупа

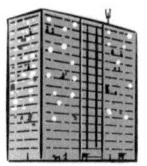

Stanovanje

кватэра

Železniška postaja

чыгуначная станцыя

Mestna hiša

ратуша

Muzej

музей

Šola

школа

Univerza

універсітэт

Banka

банк

Bolnišnica

шпіталь

Hotel

гатэль

Lekarna

аптэка

Pisarna

офіс

Knjigarna

кнігарня

Trgovina

крама

Cvetličarna

кветкавая крама

Supermarket

супермаркет

Tržnica

кірмаш

Veleblagovnica

універмаг

Ribarnica

рыбная крама

Nakupovalno središče

гандлевы цэнтр

Pristanišče

порт

Park

....

парк

Klop

....

лава

Most

....

мост

Stopnice

....

лесвіца

Podzemna železnica

....

метро

Predor

....

тунэль

Avtobusno postajališče

....

прыпынак

Bar

....

бар

Restavracija

....

рэстаран

Poštni nabiralnik

....

паштовая скрыня

Ulična tabla

....

вулічны паказальнік

Parkirna ura

....

паркамат

Živalski vrt

....

заапарк

Kopališče

....

басейн

Mošeja

....

мячэць

Kmetija

сядзіба

Onesnaževanje

забруджванне навакольнага асяроддзя

Pokopališče

могілкі

Cerkev

царква

Otroško igrišče

пляцоўка для гульні

Tempelj

храм

Pokrajina

краявід

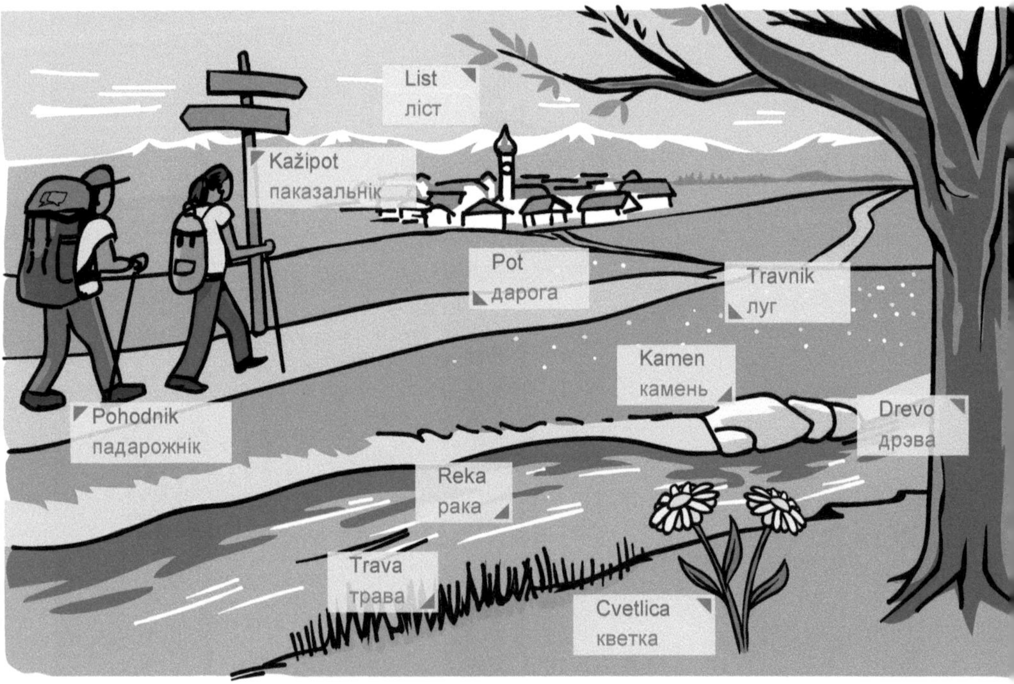

List
ліст

Kažipot
паказальнік

Pot
дарога

Travnik
луг

Kamen
камень

Pohodnik
падарожнік

Drevo
дрэва

Reka
рака

Trava
трава

Cvetlica
кветка

Dolina

даліна

Hrib

гара

Jezero

возера

Gozd

лес

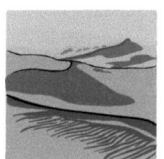

Puščava

пустыня

Vulkan

вулкан

Grad

замак

Mavrica

вясёлка

Goba

грыб

Palma

пальма

Komar

камар

Muha

муха

Mravlja

мурашка

Čebela

пчала

Pajek

павук

Hrošč

жук

Žaba

жаба

Veverica

вавёрка

Jež

вожык

Zajec

заяц

Sova

сава

Ptič

птушка

Labod

лебедзь

Divji prašič

дзік

Jelen

алень

Los

лось

Jez

плаціна

Vetrnica

вятрак

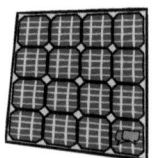

Solarna plošča

сонечная батарэя

Podnebje

клімат

Restavracija
рэстаран

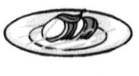

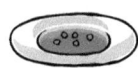

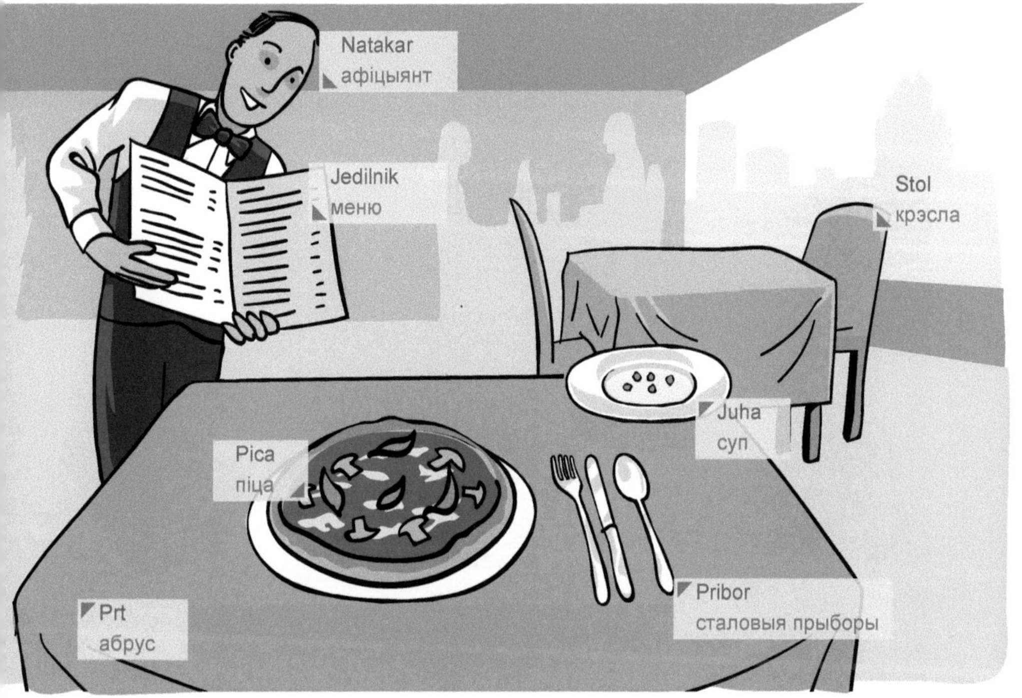
Natakar
афіцыянт
Jedilnik
меню
Stol
крэсла
Juha
суп
Pica
піца
Pribor
сталовыя прыборы
Prt
абрус

Predjed
закуска

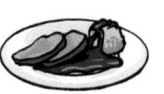

Glavna jed
другая страва

Sladica
дэсерт

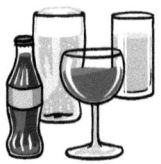

Pijače
напоі

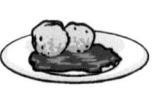

Hrana
ежа

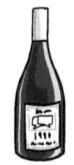

Steklenica
бутэлька

Hitra hrana

хуткае харчаванне (фаст-фуд)

Ulična hrana

стрыт-фуд

Čajnik

імбрык (чайнік)

Sladkornica

цукарніца

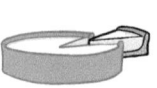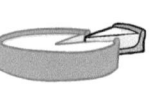

Porcija

порцыя

Aparat za espresso

эспрэса-машына

Stolček za hranjenje

дзіцячае крэселка

Račun

рахунак

Pladenj

паднос

Nož

нож

Vilica

відэлец

Žlica

лыжка

Čajna žlička

чайная лыжка

Servieta

сурвэтка

Kozarec

шклянка

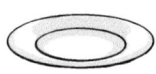

Krožnik

талерка

Globoki krožnik

супавая талерка

Krožniček

сподак

Omaka

соус

Solnica

сальніца

Mlinček za poper

млынок для перцу

Kis

воцат

Olje

алей

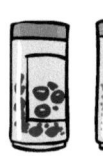

Začimbe

спецыі

Kečap

кетчуп

Gorčica

гарчыца

Majoneza

маянэз

Posebna ponudba
акцыя

Stranka
пакупнік

Mlečni izdelki
малочныя прадукты

Nakupovalni voziček
вазок

Sadje
садавіна

Mesnica	**Pekarna**	**Tehtati**
мясная крама	хлебны магазін	важыць
	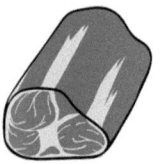	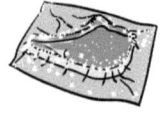
Zelenjava	**Meso**	**Zamrznjena hrana**
гародніна	мяса	свежазамарожаныя прадукты

Hladne mesnine

нарэзка

Konzerve

кансервы

Pralni prašek

пральны парашок

Sladkarije

прысмакі

Gospodinjski izdelki

хатнія прылады

Čistilno sredstvo

чысцячы сродак

Prodajalka

прадавец

Blagajna

каса

Blagajnik

касір

Nakupovalni seznam

спіс пакупак

Delovni čas

гадзіны працы

Denarnica

бумажнік

Kreditna kartica

крэдытная картка

Torba

сумка

Plastična vrečka

пакет

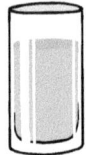

Voda

вада

Sok

сок

Mleko

малако

Kola

кола

Vino

віно

Pivo

піва

Alkohol

алкаголь

Kakav

какава

Čaj

гарбата (чай)

Kava

кава

Espresso

эспрэса

Kapučino

капучына

Banana

банан

Jabolko

яблык

Pomaranča

апельсін

Lubenica

дыня

Limona

лімон

Korenje

морква

Česen

часнок

Bambus

бамбук

Čebula

цыбуля

Goba

грыб

Oreščki

арэхі

Rezanci

локшына

Špageti

спагеці

Riž

рыс

Solata

салата

Ocvrt krompirček

бульба фры

Pečen krompir

смажаная бульба

Pica

піца

Hamburger

гамбургер

Sendvič

бутэрброд

Zrezek

шніцаль

Šunka

вяндліна

Salama

салямі

Klobasa

каўбаса

Piščanec

курыца

Pečenka

смажаніна

Riba

рыбак

Ovseni kosmiči

аўсяныя камякі

Musli

мюслі

Koruzni kosmiči

кукурузныя шматкі

Moka

мука

Rogljiček

круасан

Žemlja

булачка

Kruh

хлеб

Prepečenec

тост

Piškoti

пячэнне

Maslo

масла

Skuta

тварог

Torta

пірог

Jajce

яйка

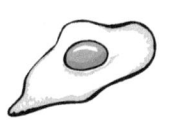

Pečeno jajce na oko

яечня

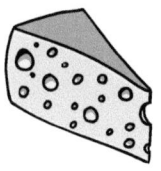

Sir

сыр

Sladoled

марожанае

Sladkor

цукар

Med

мёд

Marmelada

варэнне

Čokoladni namaz

нуга

Kari

кары

Kmetija
сядзіба

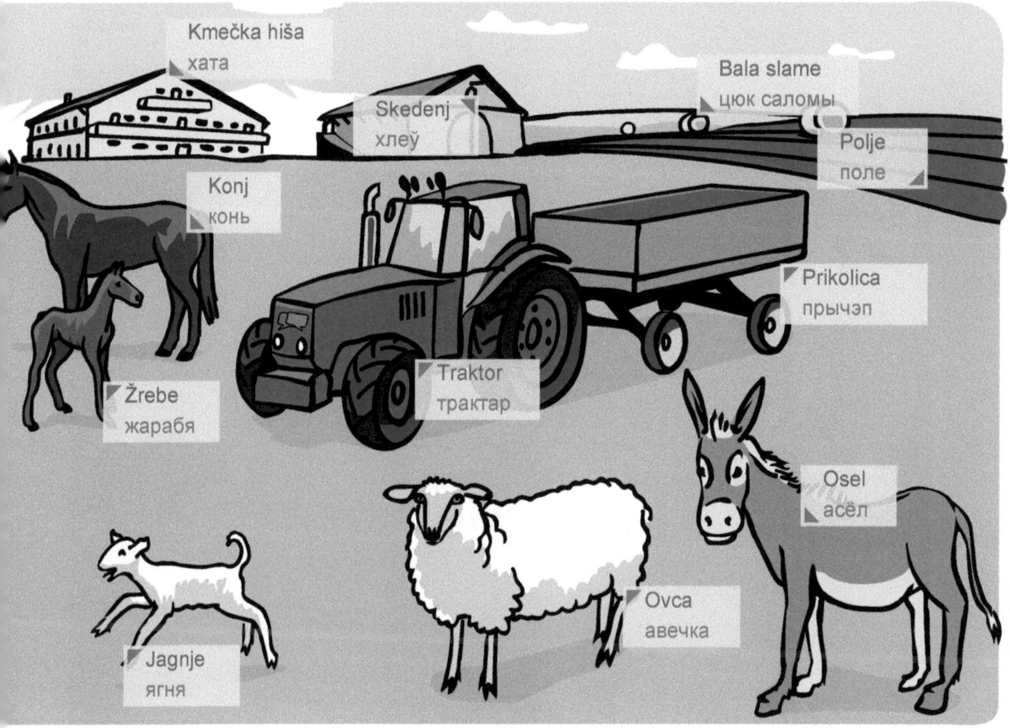

Kmečka hiša
хата
Bala slame
цюк саломы
Skedenj
хлеў
Polje
поле
Konj
конь
Prikolica
прычэп
Traktor
трактар
Žrebe
жарабя
Osel
асёл
Ovca
авечка
Jagnje
ягня

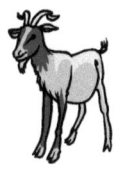

Koza

каза

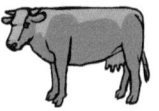

Krava

карова

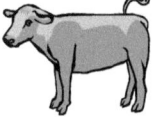

Tele

цяля

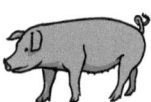

Prašič

свіння

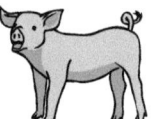

Pujsek

парася

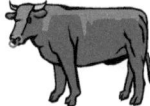

Bik

бык

Gos

гусак

Raca

качка

Piščanec

кураня

Kokoš

курыца

Petelin

певень

Podgana

пацук

Mačka

кот

Miš

мыш

Vol

вол

Pes

сабака

Pasja uta

сабачая будка

Cev za zalivanje

садовы шланг

Kangla za zalivanje

палівачка

Kosa

каса

Plug

плуг

Srp

серп

Motika

матыка

Vile

вілы для гною

Sekira

сякера

Samokolnica

тачка

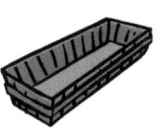

Korito

карыта

Kangla za mleko

бітон для малака

Vreča

мех

Ograja

плот

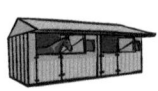

Hlev

хлеў

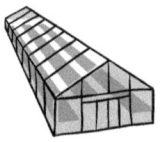

Rastlinjak

цяпліца

Prst

глеба

Seme

насенне

Gnojilo

угнаенне

Kombajn

камбайн

Žeti

збіраць ураджай

Žetev

ураджай

Jam

ямс

Pšenica

пшаніца

Soja

соя

Krompir

бульба

Koruza

кукуруза

Oljna ogrščica

рапс

Sadno drevo

садовае дрэва

Maniok

маніёк

Žito

збожжа

Hiša

дом

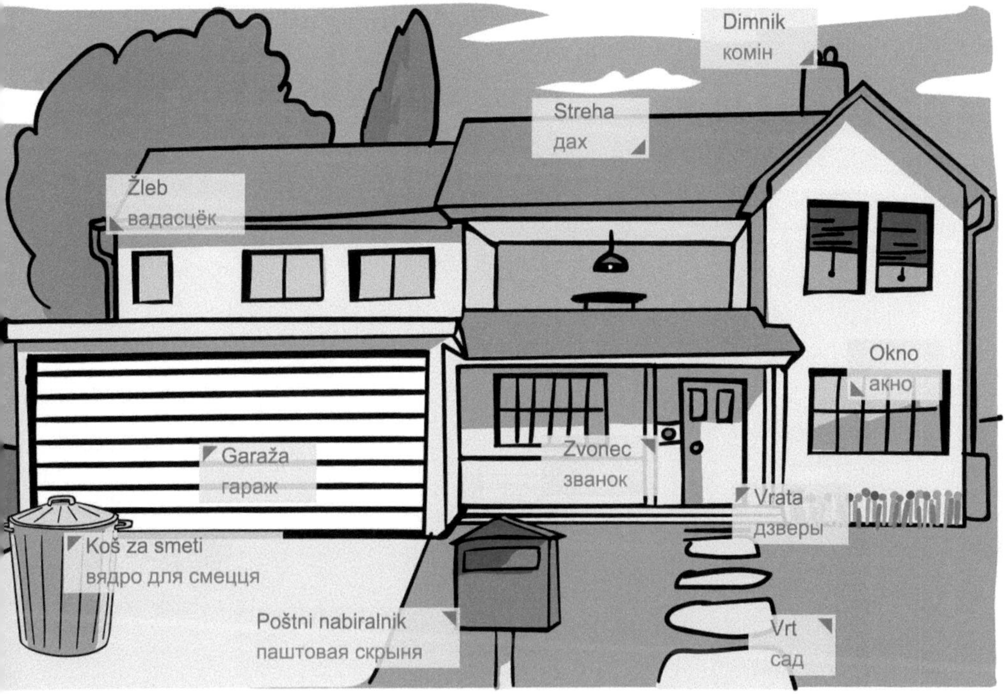
Dimnik
комін
Streha
дах
Žleb
вадасцёк
Okno
акно
Zvonec
званок
Garaža
гараж
Vrata
дзверы
Koš za smeti
вядро для смецця
Poštni nabiralnik
паштовая скрыня
Vrt
сад

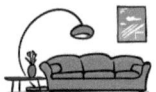

Dnevna soba

жылы пакой

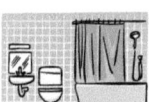

Kopalnica

ванная

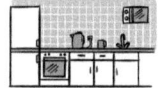

Kuhinja

кухня

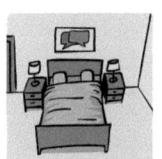

Spalnica

спальны пакой

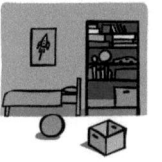

Otroška soba

дзіцячы пакой

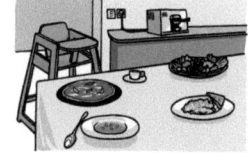

Jedilnica

сталоўка

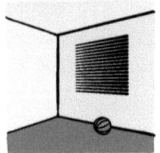

Tla

падлога

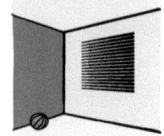

Stena

сцяна

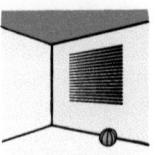

Strop

столь

Klet

падвал

Savna

саўна

Balkon

балкон

Terasa

тэраса

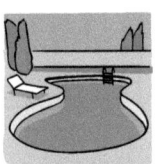

Bazen

басейн

Kosilnica

касілка

Rjuha

падкоўдранік

Posteljno pregrinjalo

коўдра

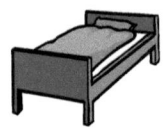

Postelja

ложак

Metla

венік

Vedro

вядро

Stikalo

выключальнік

Dnevna soba
жылы пакой

Tapeta
шпалеры
Slika
малюнак
Svetilka
лямпа
Polica
паліца
Omara
шафа
Televizor
тэлевізар
Kamin
камін
Cvetlica
кветка
Blazina
падушка
Zofa
канапа
Vaza
ваза
Daljinski upravljalnik
пульт

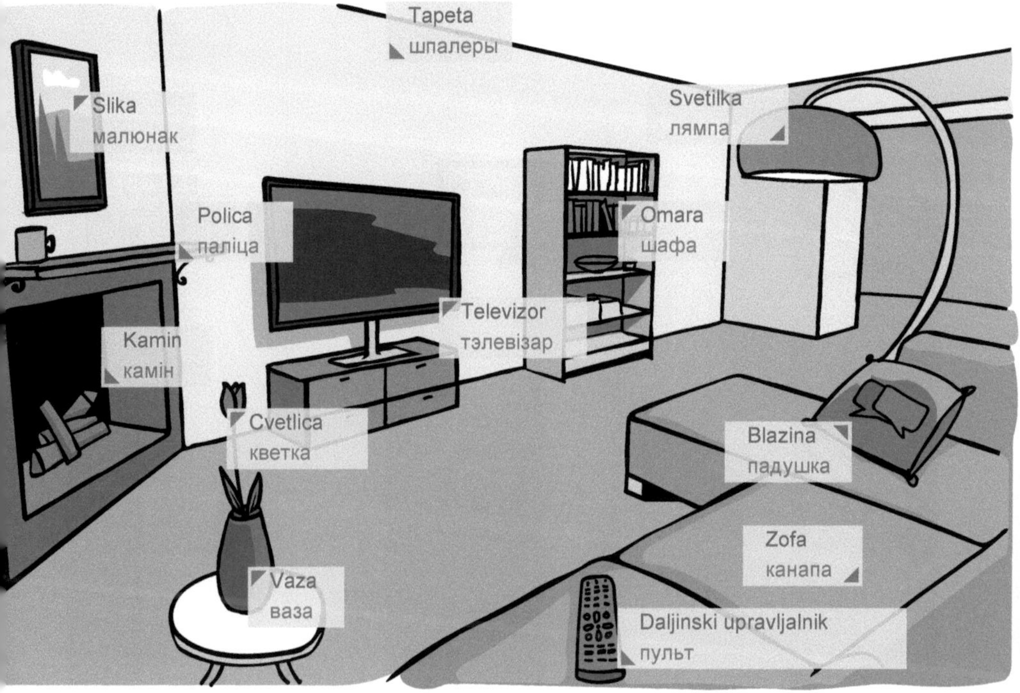

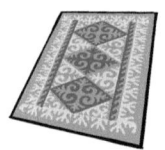

Preproga

дыван

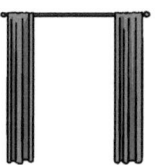

Zavesa

фіранка

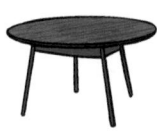

Miza

стол

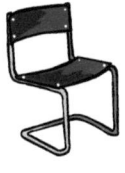

Stol

крэсла

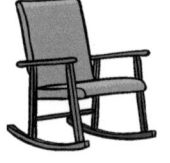

Gugalnik

крэсла-качалка

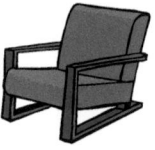

Naslanjač

крэсла

Knjiga

кніга

Odeja

коўдра

Dekoracija

дэкарацыя

Drva

дровы

Film

кіно

Glasbeni stolp

стэрэасістэма

Ključ

ключ

Časopis

газета

Slika

карціна

Plakat

постар

Radio

радыё

Beležka

нататнік

Sesalnik

пыласос

Kaktus

кактус

Sveča

свечка

Kuhinja
кухня

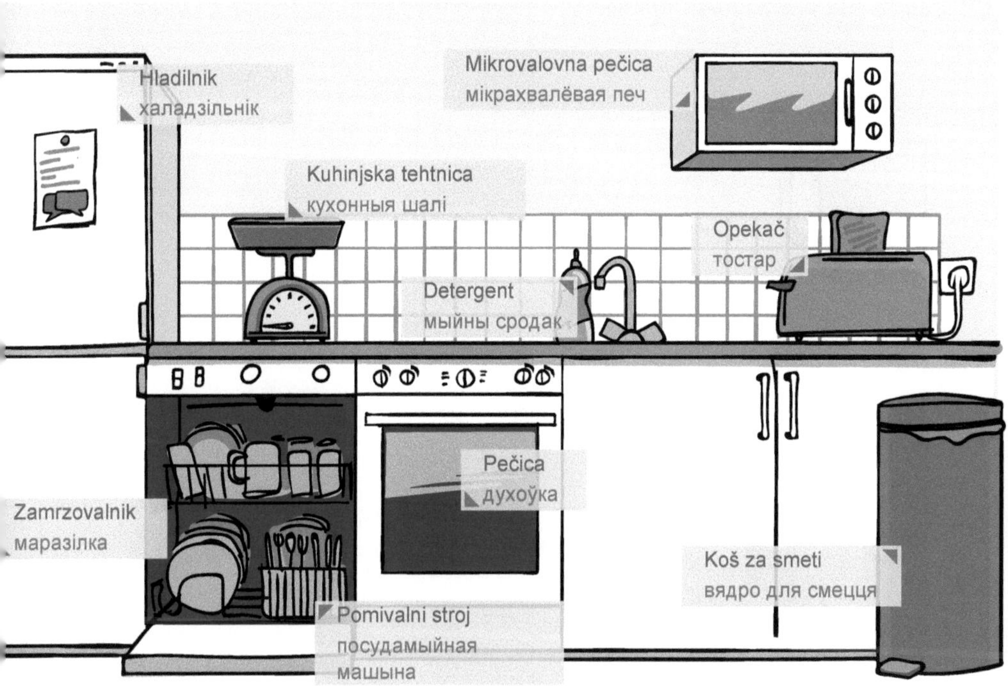
Hladilnik
халадзільнік
Mikrovalovna pečica
мікрахвалёвая печ
Kuhinjska tehtnica
кухонныя шалі
Opekač
тостар
Detergent
мыйны сродак
Pečica
духоўка
Zamrzovalnik
маразілка
Koš za smeti
вядро для смецця
Pomivalni stroj
посудамыйная
машына

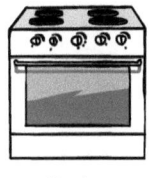

Kozica
пліта

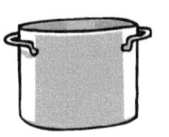

Lonec
рондаль

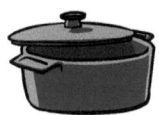

Litoželezni lonec
чыгунок

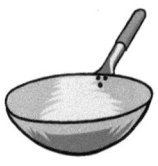

Vok / kadai
Вок / кадаі

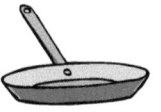

Ponev
патэльня

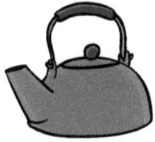

Kotliček
чайнік

Parni kuhalnik

параварка

Pekač

бляха

Posoda

посуд

Skodelica

кубак

Skleda

міска

Jedilne paličice

палачкі для ежы

Zajemalka

чарпак

Lopatica

лапатачка

Metlica

збівалка

Cedilnik

сіта для варэння

Cedilo

сіта

Strgalo

тарка

Možnar

ступка

Žar

грыль

Ognjišče

вогнішча

Deska za rezanje

дошка

Valjar

качалка

Odpirač za steklenice

штопар

Pločevinka

бляшанка

Odpirač za konzerve

адкрывалка

Prijemalka za posodo

прыхваткі

Korito

ракавіна

Ščetka

шчотка

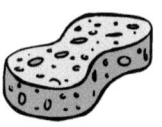

Goba

губка

Mešalnik

міксер

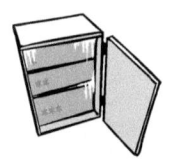

Zamrzovalna skrinja

маразільная камера

Steklenička

бутэлечка

Pipa

вадаправодны кран

Kopalnica

ванная

Prha
душ
Ogrevanje
ручніковы сушыцель
Brisača
ручнік
Zavesa za prho
штора для душа
Peneča kopel
пенная ванна
Kopalna kad
ванна
Kozarec
шклянка
Pralni stroj
мыйная машына
Pipa
вадаправодны кран
Ploščice
плітка
Kahlica
начны гаршчок
Korito
ракавіна

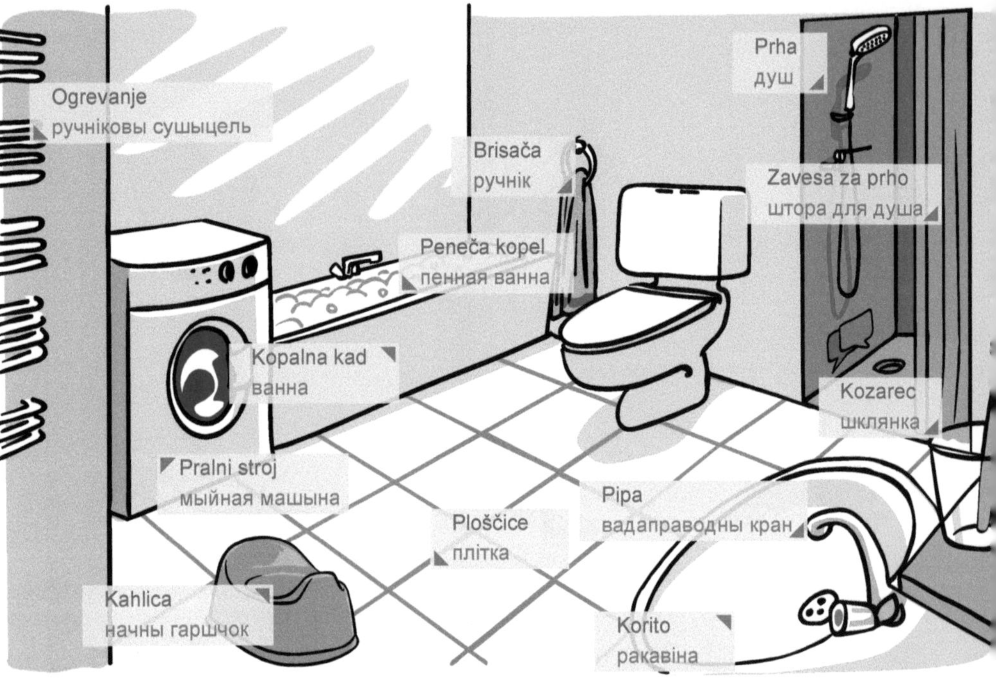

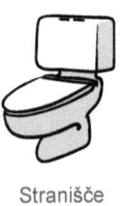

Stranišče

туалет

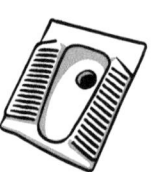

Stranišče na počep

падлогавы ўнітаз

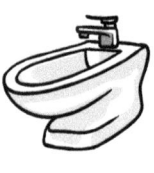

Bide

бідэ

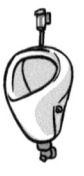

Pisoar

пісуар

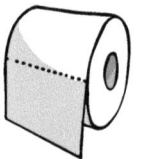

Toaletni papir

туалетная папера

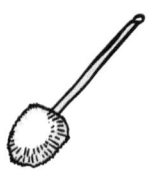

Ščetka za straniščno školjko

шчотка для чысткі ўнітаза

Zobna ščetka

зубная шчотка

Zobna pasta

зубная паста

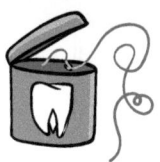

Zobna nitka

зубная нітка

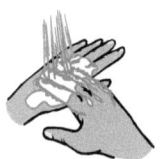

Umiti se

мыць

Ročna prha

ручны душ

Prha za intimne dele

інтымны душ

Umivalnik

умывальнік

Krtača za hrbet

шчотка для спіны

Milo

мыла

Gel za prhanje

гель для душа

Šampon

шампунь

Krpica za miljenje

вяхотка

Odtok

вадасцёк

Krema

крэм

Deodorant

дэзадарант

Ogledalo

люстэрка

Ročno ogledalo

касметычнае люстэрка

Britvica

станок для галення

Pena za britje

пена для галення

Vodica po britju

ласьён пасля галення

Glavnik

грэбень

Ščetka

шчотка

Sušilnik za lase

фен

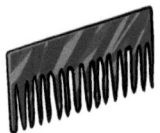

Lak za lase

лак для валасоў

Ličila

касметыка

Šminka

памада

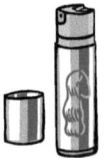

Lak za nohte

лак для пазногцяў

Vatirane blazinice

вата

Škarjice za nohte

манікюрныя нажніцы

Parfum

духі

Toaletna torbica

касметычка

Stol brez naslonjala

табурэтка

Osebna tehtnica

вагі

Kopalni plašč

лазневы халат

Gumijaste rokavice

санітарныя пальчаткі

Tampon

тампон

Damski vložki

гігіенічныя пракладкі

Kemično stranišče

біятуалет

Otroška soba

дзіцячы пакой

Budilka
будзільнік
Plišasta igrača
мяккая цацка
Avtomobilček
цацачная машынка
Ropotuljica
бразготка
Hiška za punčke
лялечны домік
Darilo
падарунак

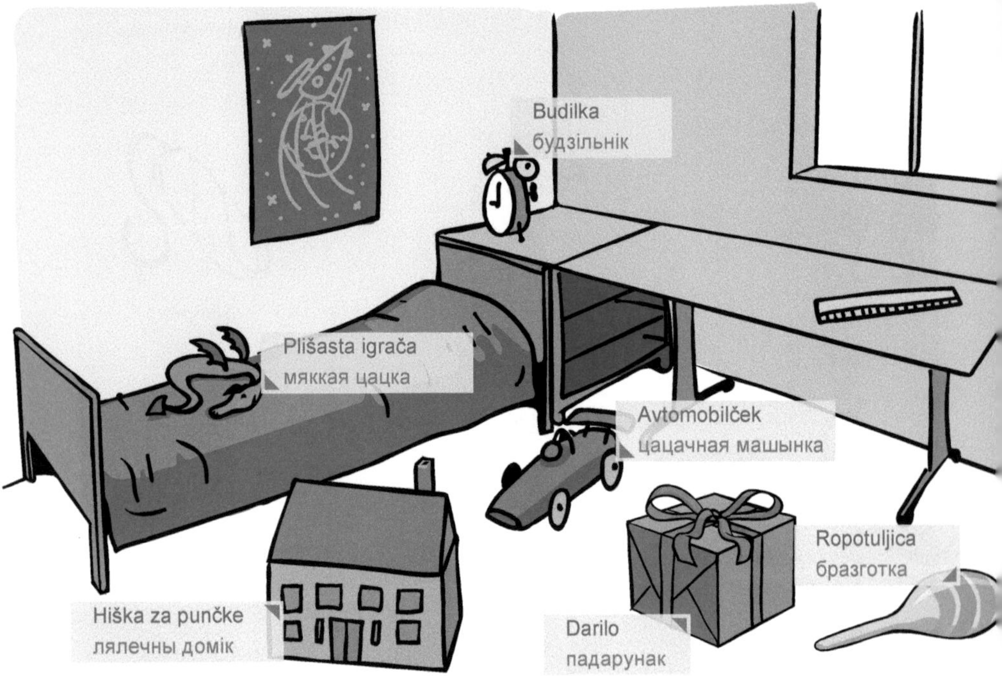

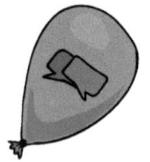

Balon

надзіманы шарык

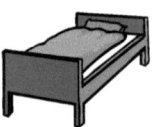

Postelja

ложак

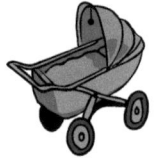

Otroški voziček

дзіцячая каляска

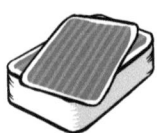

Igralne karte

калода картаў

Sestavljanka

пазл

SUPER
MEGA

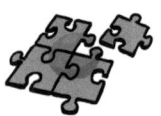

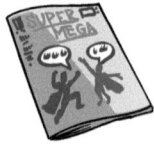

Strip

комікс

Lego kocke

канструктар "Лега"

Igralne kocke

канструктар

Akcijska figura

экшэн-фігурка

Bodi

дзіцячы гарнітур

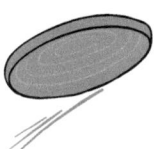

Frizbi

фрызбі

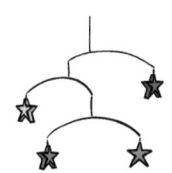

Vrtiljak za posteljico

дзіцячы мабіль

Namizna igra

настольная гульня

Kocka

кубік

Komplet modelov vlakov

дзіцячая чыгунка

Duda

пустышка

Zabava

дзіцячае свята

Slikanica

кніга з малюнкамі

Žoga

мячык

Lutka

лялька

Igrati se

гуляцца

Peskovnik

пясочніца

Gugalnica

арэлі

Igrače

цацкі

Igralna konzola

гульнявая відэа прыстаўка

Tricikel

трохколавы ровар

Plišasti medvedek

плюшавы мішка

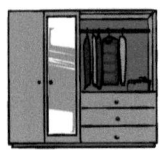

Garderoba

шафа

Oblačilo

адзенне

Nogavice

шкарпэткі

Samostoječe nogavice

панчохі

Hlačne nogavice

калготкі

Šal
шалік

Dežnik
парасон

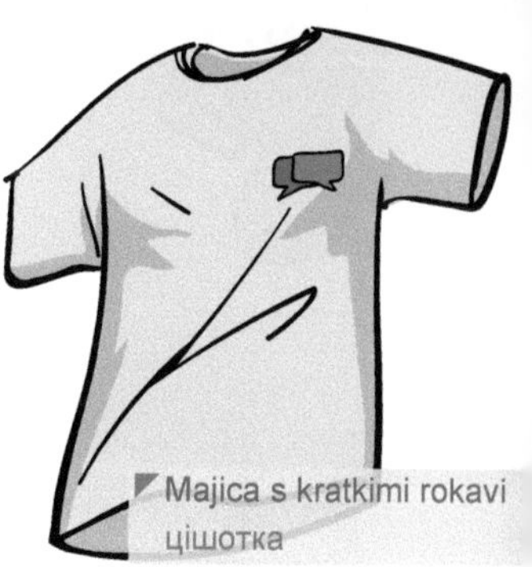

Pas
рамень

Majica s kratkimi rokavi
цішотка

Športni copati
красоўкі

Škornji
боты

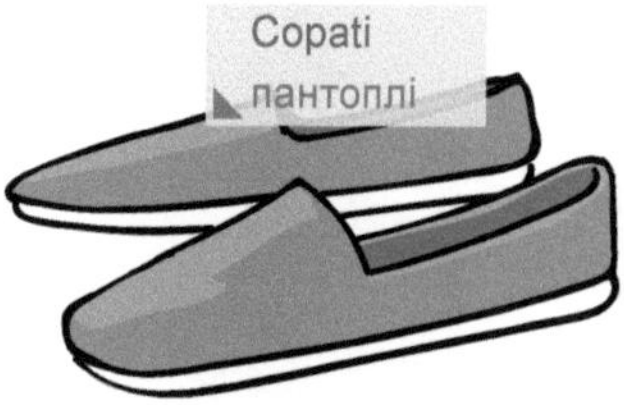

Copati
пантоплі

Sandali
·················
сандалі

Čevlji
·················
абутак

Gumijasti škornji
·················
гумовыя боты

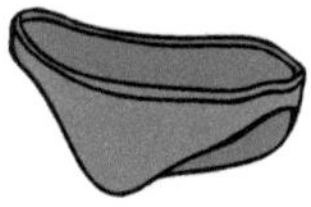

Spodnje hlače
·················
трусы

Modrček
·················
бюстгальтар

Telovnik
·················
майка

Bodi
бодзі

Hlače
штаны

Kavbojke
джынсы

Krilo
спадніца

Bluza
блузка

Srajca
кашуля

Pulover
джэмпер

Pletena jopica
талстоўка

Jopa
блэйзер

Jakna
куртка

Plašč
паліто

Dežni plašč
дажджавік

Kostim
касцюм

Obleka
сукенка

Poročna obleka
вясельная сукенка

Obleka
касцюм

Spalna srajca
начная сарочка

Pižama
піжама

Sari
сары

Naglavna ruta
хустка

Turban
цюрбан

Burka
паранджа

Kaftan
каптан

Abaja
Абая

Kopalke
купальнік

Kopalne hlače
плаўкі

Kratke hlače
шорты

Trenirka
спартыўны касцюм

Predpasnik
фартух

Rokavice
пальчаткі

Gumb

гузік

Očala

акуляры

Zapestnica

бранзалет

Verižica

каралі

Prstan

кальцо

Uhan

завушніца

Kapa

кепка

Obešalnik

вешалка

Klobuk

капялюш

Kravata

гальштук

Zadrga

маланка

Čelada

шлем

Naramnice

падцяжкі

Šolska uniforma

школьная форма

Uniforma

уніформа

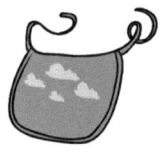

Slinček

нагруднік

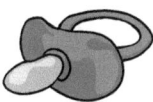

Duda

пустышка

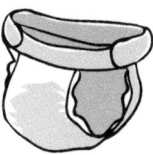

Plenica

падгузнік

Pisarna

офіс

Strežnik
сервер
Kartotečna omara
канцылярская шафа
Tiskalnik
прынтэр
Papir
папера
Monitor
манітор
Miška
мыш
Pisalna miza
пісьмовы стол
Mapa
тэчка
Tipkovnica
клавіятура
Koš za smeti
смеццевы кошык
Računalnik
кампутар
Stol
крэсла

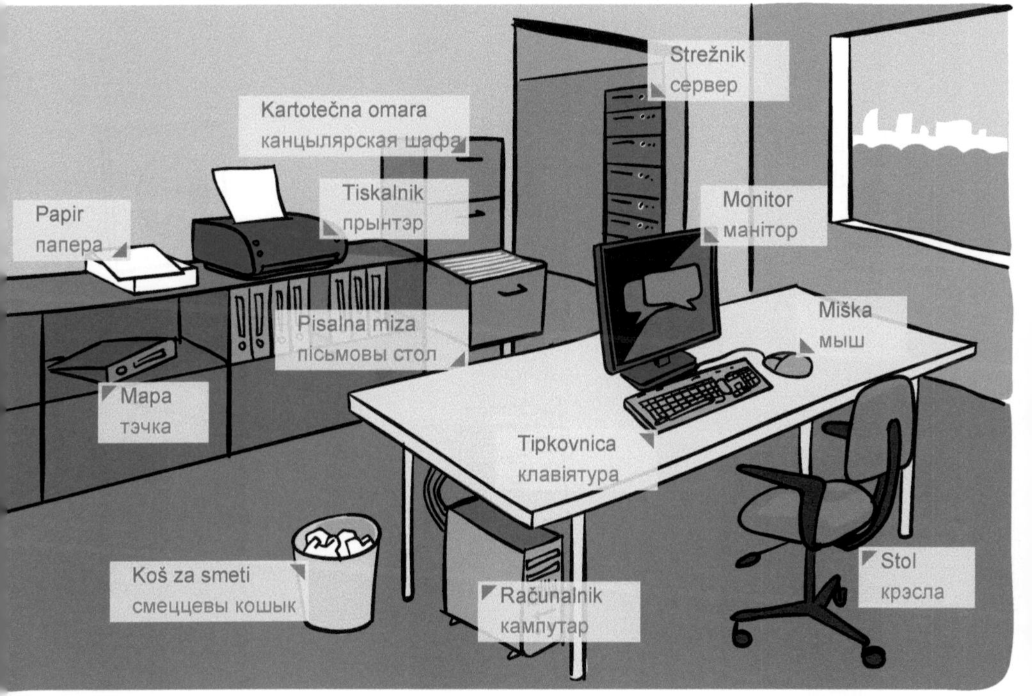

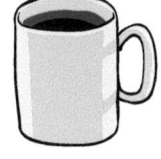

Lonček za kavo

ак для кавы (філіжанка)

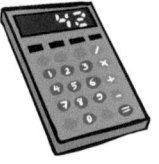

Kalkulator

калькулятар

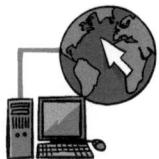

Internet

інтэрнэт

Prenosnik

ноўтбук

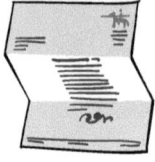

Pismo

ліст

Sporočilo

паведамленне

Mobilnik

мабільны тэлефон

Omrežje

сетка

Kopirni stroj

ксеракс

Programska oprema

праграмнае забеспячэнне

Telefon

тэлефон

Vtičnica

разетка

Telefaks

факс

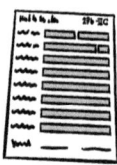

Obrazec

фармуляр

Dokument

дакумент

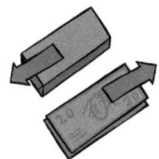

Kupiti

купляць

Plačati

плаціць

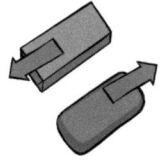

Trgovati

гандляваць

Denar

грошы

Dolar

долар

Evro

еўра

Jen

ена

Rubelj

рубель

Švičarski frank

франк

Kitajski juan renminbi

кітайскі юань

Rupija

рупія

Bankomat

банкамат

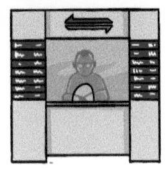

Menjalnica

абменны пункт

Zlato

золата

Srebro

срэбра

Nafta

нафта

Energija

энергія

Cena

цана

Pogodba

кантракт

Davek

падатак

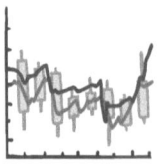

Delnice

акцыя

Delati

працаваць

Delojemalec

служачы

Delodajalec

працадаўца

Tovarna

фабрыка

Trgovina

крама

Poklici
прафесіі

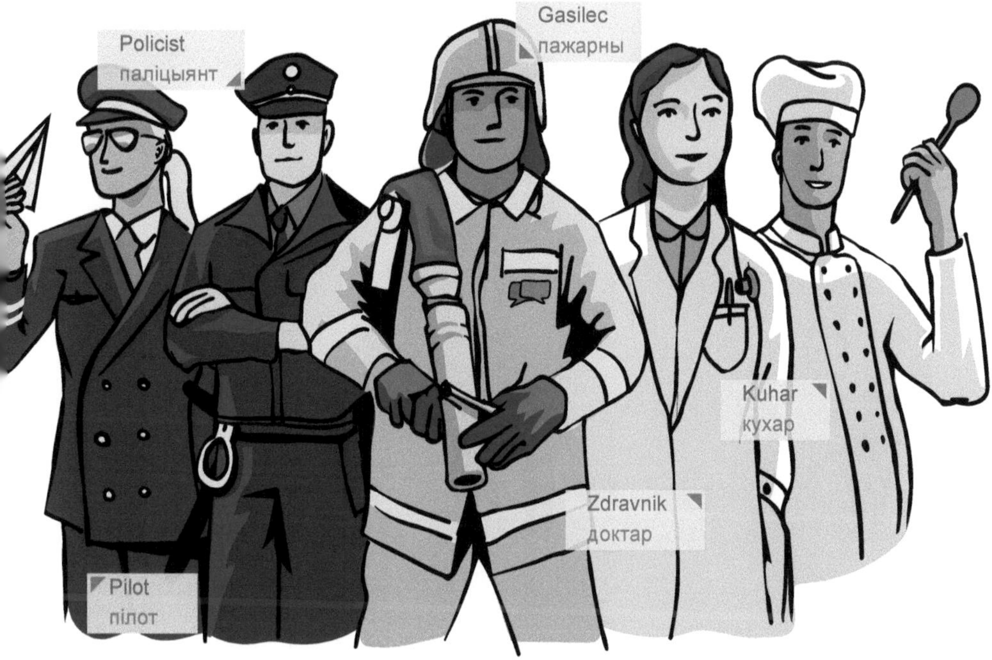
Policist
паліцыянт
Gasilec
пажарны
Kuhar
кухар
Zdravnik
доктар
Pilot
пілот

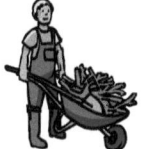

Vrtnar

садоўнік

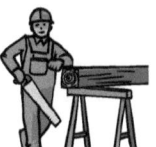

Mizar

слесар

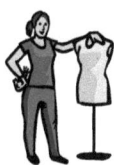

Šivilja

швачка

Sodnik

суддзя

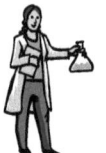

Kemik

хімік

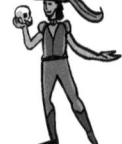

Igralec

артыст

Voznik avtobusa

кіроўца аўтобуса

Taksist

таксіст

Ribič

рыбак

Čistilka

прыбіральшчыца

Krovec

страхар

Natakar

афіцыянт

Lovec

паляўнічы

Pleskar

мастак

Pek

пекар

Električar

электрык

Gradbenik

будаўнік

Inženir

інжынер

Mesar

мяснік

Vodovodni inštalater

сантэхнік

Poštar

паштальён

Vojak

салдат

Arhitekt

архітэктар

Blagajnik

касір

Cvetličar

фларыст

Frizer

цырульнік

Sprevodnik

кандуктар

Mehanik

механік

Kapitan

капітан

Zobozdravnik

стаматолаг

Znanstvenik

вучоны

Rabin

рабін

Imam

імам

Menih

манах

Duhovnik

святар

Orodje

інструменты

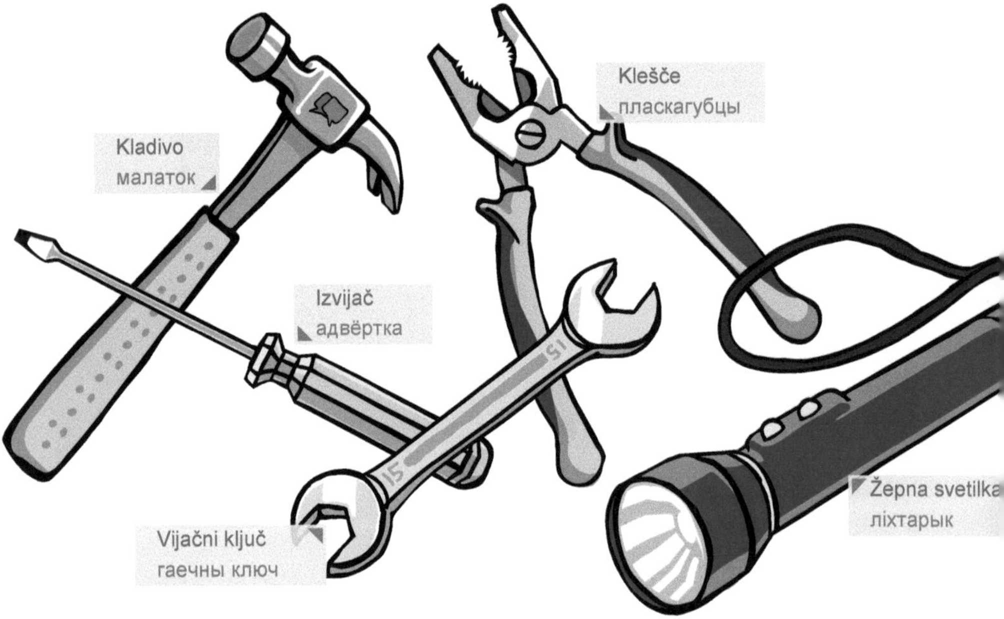
Kladivo
малаток
Klešče
пласкагубцы
Izvijač
адвёртка
Žepna svetilka
ліхтарык
Vijačni ključ
гаечны ключ

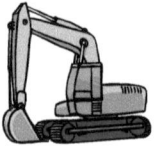

Bager

экскаватар

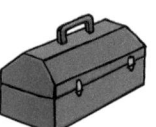

Zaboj z orodjem

скрыня для інструментаў

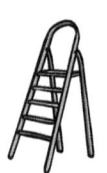

Lestev

дравіны

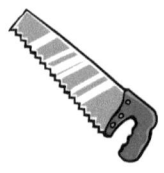

Žaga

піла

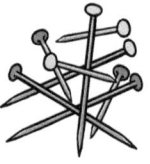

Žeblji

цвікі

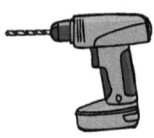

Vrtalnik

дрыль

Popraviti

рамантаваць

Lopata

рыдлеўка

Šment!

Халера!

Smetišnica

шуфлік для смецця

Posoda z barvo

вядро з фарбаю

Vijaki

балты

Glasbeni instrument
музычныя інструменты

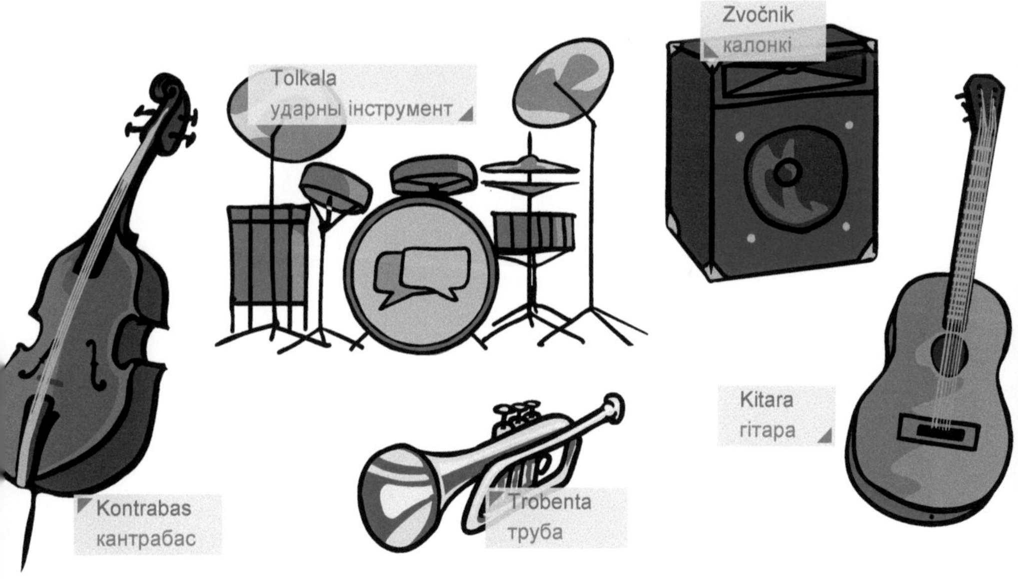

Zvočnik
калонкі

Tolkala
ударны інструмент

Kontrabas
кантрабас

Trobenta
труба

Kitara
гітара

Klavir

піяніна

Violina

скрыпка

Bas kitara

басгітара

Pavke

літаўры

Bobni

барабан

Sintetizator

клавішны электрамузычны
інструмент

Saksofon

саксафон

Flavta

флейта

Mikrofon

мікрафон

Živalski vrt

заапарк

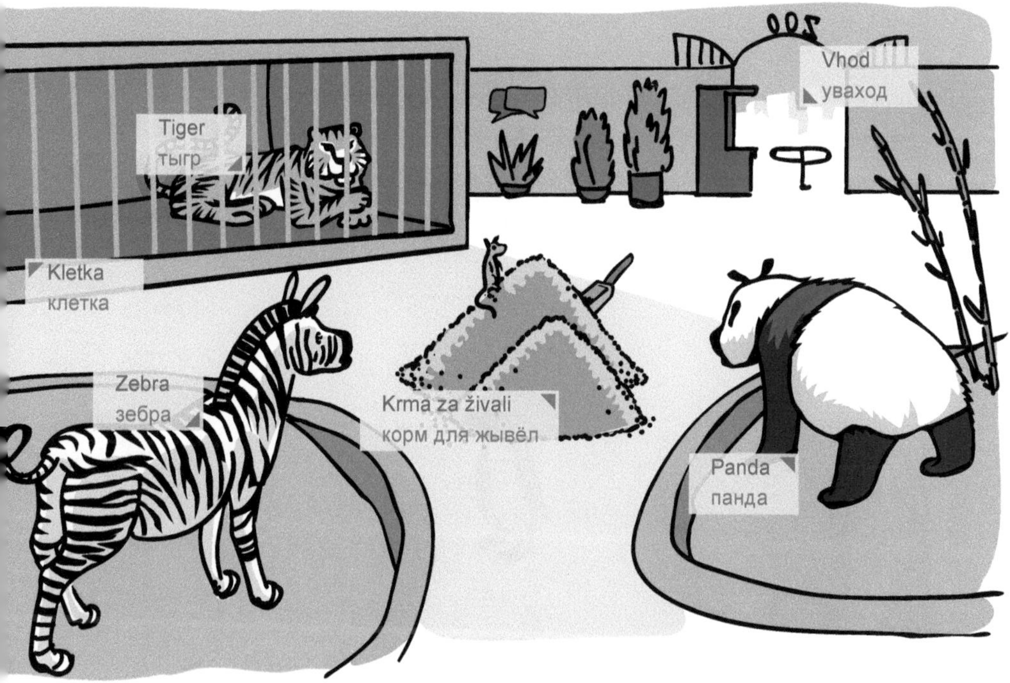
Vhod
уваход
Tiger
тыгр
Kletka
клетка
Zebra
зебра
Krma za živali
корм для жывёл
Panda
панда

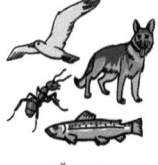

Živali

жывёлы

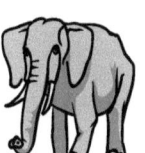

Slon

слон

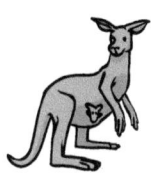

Kenguru

кенгуру

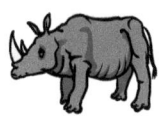

Nosorog

насарог

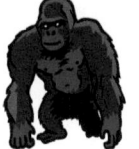

Gorila

гарыла

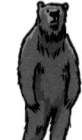

Medved

мядзведзь

Kamela

вярблюд

Noj

стравус

Lev

леў

Opica

малпа

Plamenec

фламінга

Papagaj

папугай

Severni medved

белы мядзведзь

Pingvin

пінгвін

Morski pes

акула

Pav

паўлін

Kača

змяя

Krokodil

кракадзіл

Oskrbnik v živalskem vrtu

наглядчык заапарка

Tjulenj

цюлень

Jaguar

ягуар

Poni

поні

Leopard

леапард

Povodni konj

бегемот

Žirafa

жыраф

Orel

арол

Divji prašič

дзік

Riba

рыбак

Želva

чарапаха

Mrož

морж

Lisica

ліса

Gazela

газель

Ameriški nogomet
амерыканскі футбол

Kolesarjenje
веласпорт

Tenis
тэніс

Košarka
баскетбол

Plavanje
плаванне

Boks
бокс

Hokej
хакей з шайбай

Nogomet
футбол

Badminton
бадмінтон

Atletika
лёгкая атлетыка

Rokomet
гандбол

Smučanje
горныя лыжы

Polo
пола

Dejavnosti

дзейнасць

Skočiti
скакаць
Objeti
абдымаць
Smejati se
смяяцца
Hoditi
icці
Peti
спяваць
Sanjati
марыць
Moliti
маліцца
Poljubiti
цалаваць

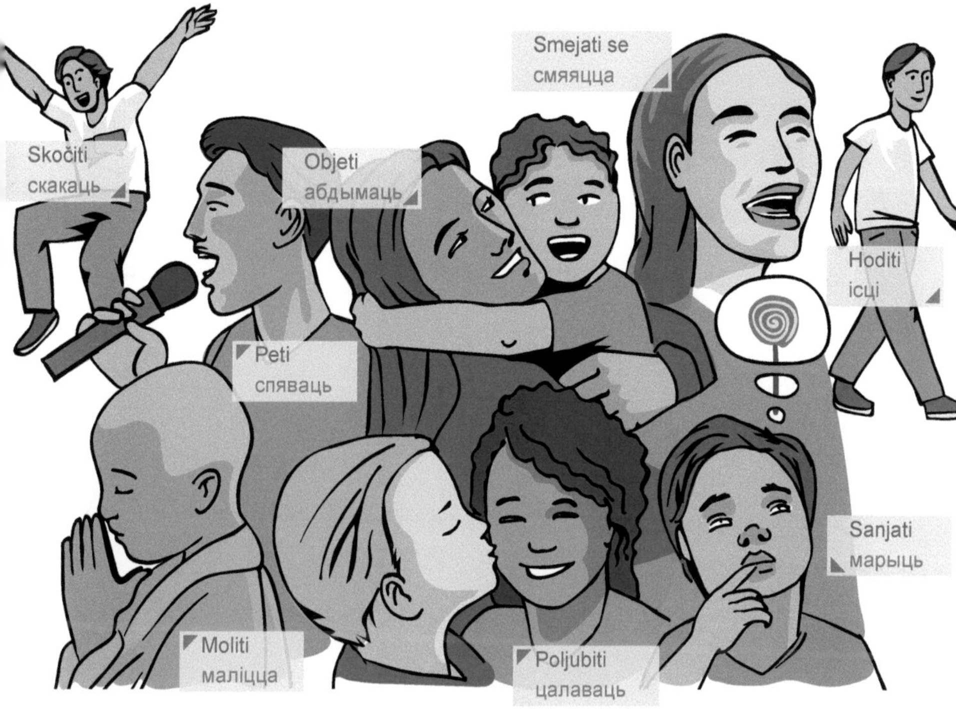

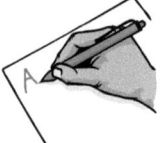

Pisati

пісаць

Risati

маляваць

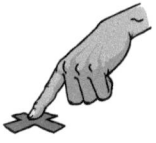

Pokazati

паказваць

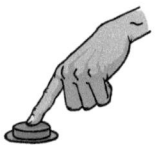

Potisniti

націснуць

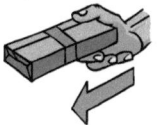

Dati

даваць

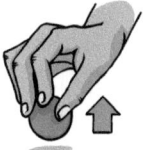

Vzeti

браць

Imeti

мець

Narediti

выконваць

Biti

быць

Stati

стаяць

Teči

бегчы

Vleči

цягнуць

Vreči

кідаць

Pasti

падаць

Ležati

ляжаць

Čakati

чакаць

Nositi

насіць

Sedeti

сядзець

Obleči se

апранацца

Spati

спаць

Zbuditi se

прачынацца

Gledati

глядзець

Jokati

плакаць

Božati

лашчыць

Česati se

прычэсвацца

Govoriti

гаварыць

Razumeti

разумець

Vprašati

пытаць

Poslušati

чуць

Piti

піць

Jesti

есці

Pospraviti

прыбіраць

Ljubiti

кахаць

Kuhati

гатаваць

Voziti

ехаць

Leteti

лятаць

Jadrati

плаваць пад ветразем

Računanje

лічыць

Brati

чытаць

Učiti se

вучыць

Delati

працаваць

Poročiti se

уступаць у шлюб

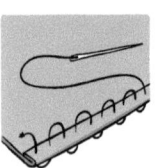

Šivati

шыць

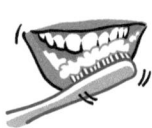

Ščetkati si zobe

чысціць зубы

Ubiti

забіваць

Kaditi

курыць

Poslati

пасылаць

Družina

сям'я

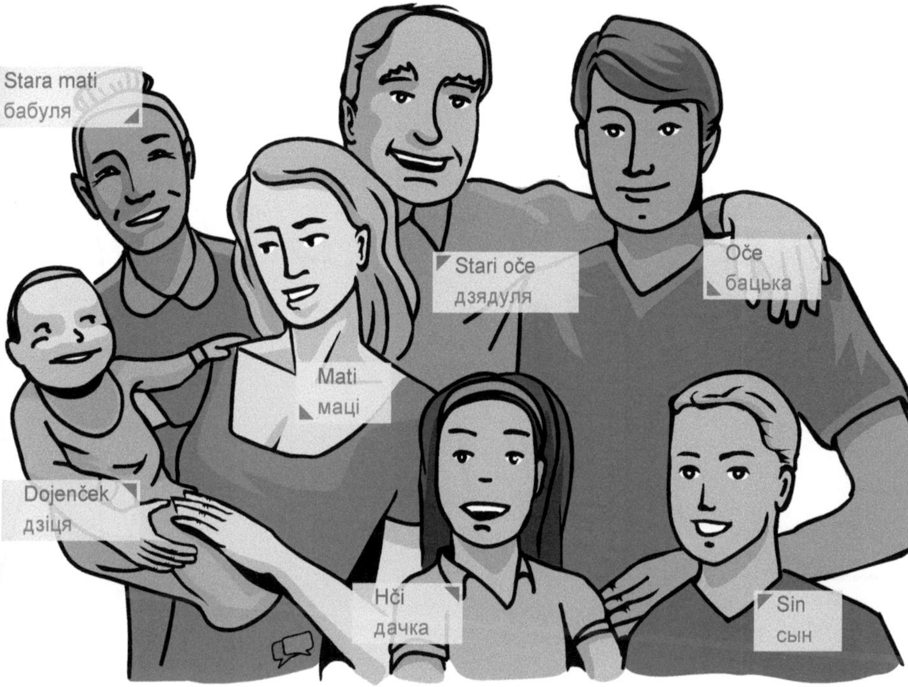

Stara mati
бабуля
Stari oče
дзядуля
Oče
бацька
Mati
маці
Dojenček
дзіця
Hči
дачка
Sin
сын

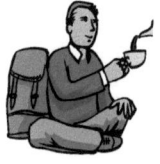

Gost
....
госць

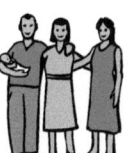

Teta
....
цётка

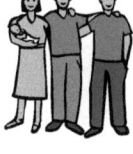

Stric
....
дзядзька

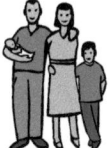

Brat
....
брат

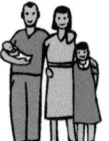

Sestra
....
сястра

Telo

цела

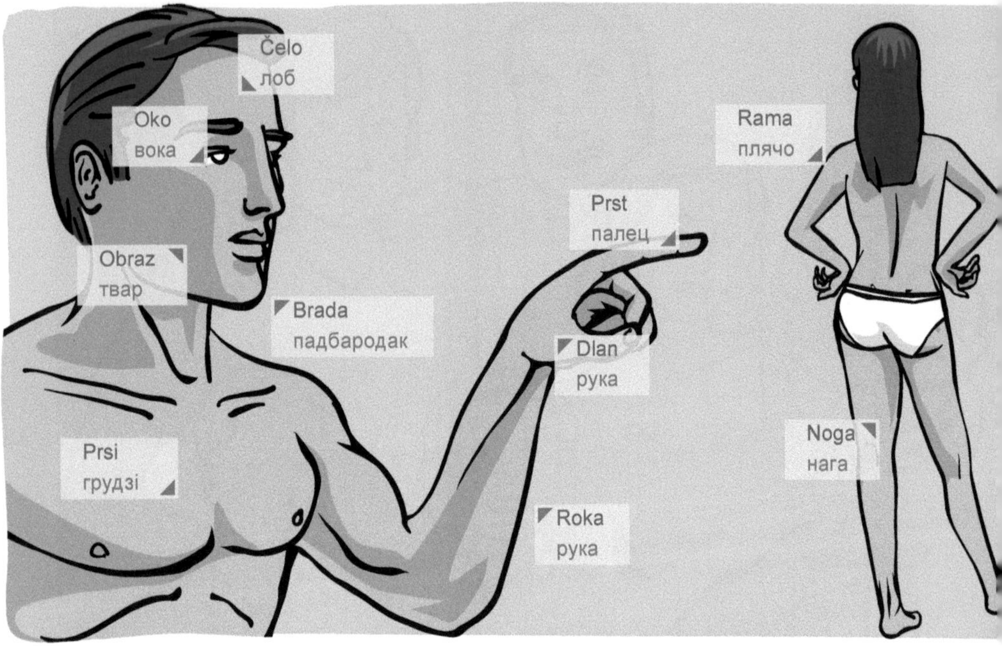

Čelo
лоб

Oko
вока

Rama
плячо

Prst
палец

Obraz
твар

Brada
падбародак

Dlan
рука

Prsi
грудзі

Noga
нага

Roka
рука

Dojenček

дзіця

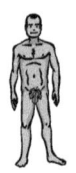

Človek

мужчына

Ženska

жанчына

Dekle

дзяўчынка

Fant

хлопчык

Glava

галава

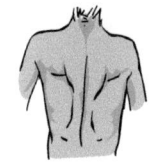

Hrbet

спіна

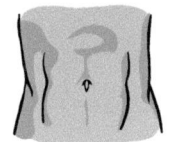

Trebuh

жывот

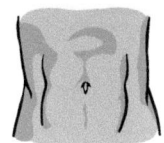

Popek

пуп

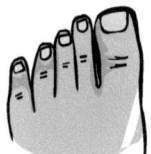

Prst na nogi

палец нагі

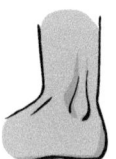

Peta

пятка

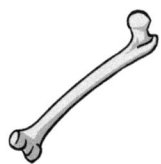

Kost

костка

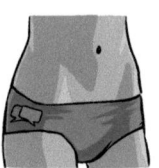

Kolk

бядро

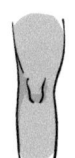

Koleno

калена

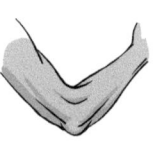

Komolec

локаць

Nos

нос

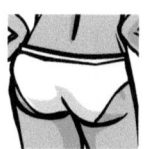

Zadnjica

ягадзіца

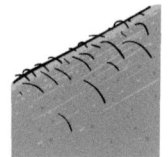

Koža

скура

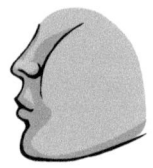

Lice

шчака

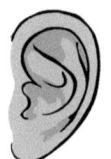

Uho

вуха

Ustnica

губа

Telo - цела

Usta

рот

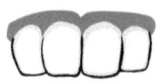

Zob

зуб

Jezik

язык

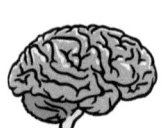

Možgani

галаўны мозг

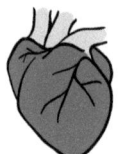

Srce

сэрца

Mišica

мышца

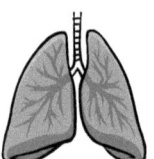

Pljuča

лёгкае

Jetra

пячонка

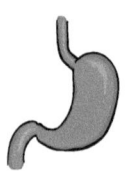

Želodec

страўнік

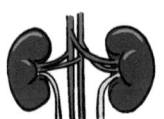

Ledvice

ныркі

Spolni odnos

сэкс

Kondom

прэзерватыў

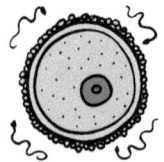

Jajčece

яйцаклетка

Semenska tekočina

сперма

Nosečnost

цяжарнасць

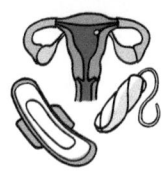

Menstruacija

менструацыя

Vagina

похва

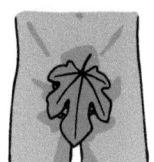

Penis

пеніс

Obrv

брыво

Lasje

валасы

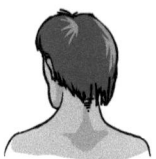

Vrat

шыя

Bolnišnica

шпіталь

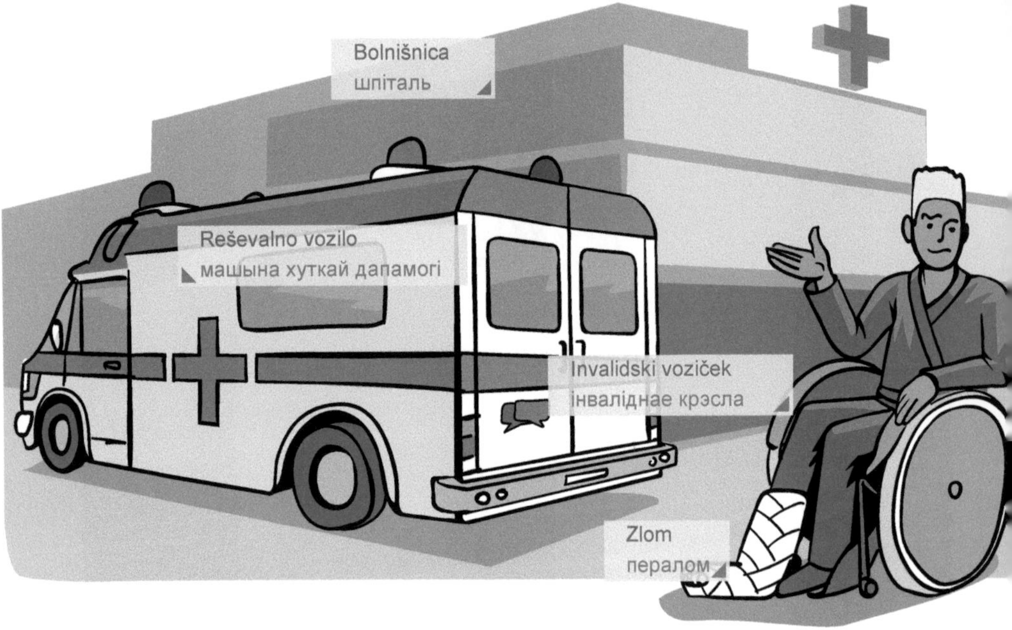

Bolnišnica
шпіталь
Reševalno vozilo
машына хуткай дапамогі
Invalidski voziček
інваліднае крэсла
Zlom
пералом

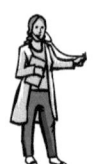

Zdravnik

доктар

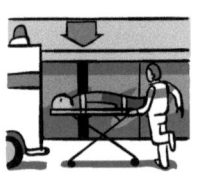

Urgenca

аддзяленне першай дапамогі

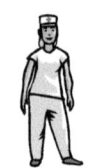

Medicinska sestra

медсястра

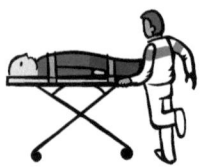

Nujni primer

экстраная дапамога

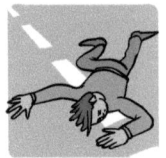

Nezavesten

непрытомны

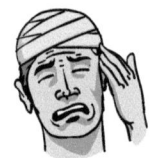

Bolečina

боль

Poškodba

траўма

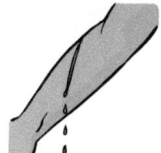

Krvavenje

крывацёк

Srčni infarkt

інфаркт

Kap

апаплексія

Alergija

алергія

Kašelj

кашаль

Vročina

гарачка

Gripa

грып

Driska

панос

Glavobol

галаўны боль

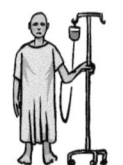

Rak

рак

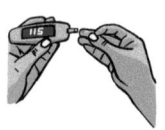

Sladkorna bolezen

дыябет

Kirurg

хірург

Skalpel

скальпель

Operacija

аперацыя

CT

KT

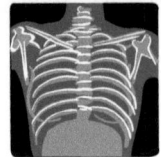

Rentgen

рэнтген

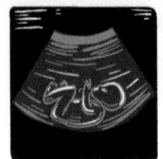

Ultrazvok

ультрагук

Obrazna maska

маска

Bolezen

хвароба

Čakalnica

пачакальня

Bergla

мыліца

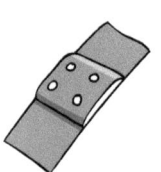

Obliž

пластыр

Preveza

бінт

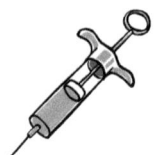

Injekcija

ін'екцыя

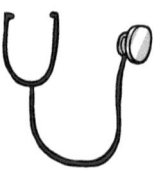

Stetoskop

стэтаскоп

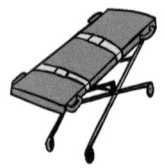

Nosila

насілкі

Klinični termometer

градуснік

Porod

нараджэнне

Prekomerna teža

лішняя вага

Slušni pripomoček

слухавы апарат

Razkužilo

дэзінфекцыйны сродак

Okužba

інфекцыя

Virus

вірус

HIV / AIDS

ВІЧ/СНІД

Medicina

лекі

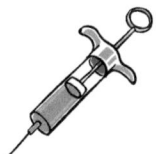

Cepljenje

прышчэпка

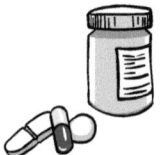

Tablete

таблеткі

Tableta

супрацьзачаткавая
таблетка

Klic v sili

экстраны выклік

Merilnik krvnega tlaka

танометр

bolano / zdravo

хворы / здаровы

Na pomoč!

Ратуйце!

Alarm

сігналізацыя

Napad

напад

Napad

атака

Nevarnost

небяспека

Izhod v sili

аварыйны выхад

Gori!

Пажар!

Gasilni aparat

вогнетушыцель

Nezgoda

аварыя

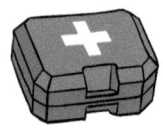

Komplet za prvo pomoč

аптэчка

SOS

СОС

Policija

паліцыя

Evropa

Еўропа

Severna Amerika

Паўночная Амерыка

Južna Amerika

Паўднёвая Амерыка

Afrika

Афрыка

Azija

Азія

Avstralija

Аўстралія

Atlantski ocean

Атлантычны акіян

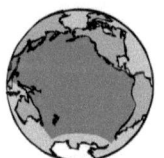

Tihi ocean

Ціхі акіян

Indijski ocean

Індыйскі акіян

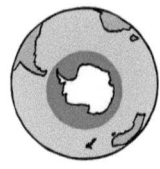

Južni ocean

ўднёвы ледавіты акіян

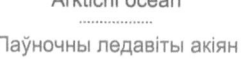

Arktični ocean

Паўночны ледавіты акіян

Severni tečaj

Паўночны полюс

Južni tečaj

Паўднёвы полюс

Antarktika

Антарктыда

Zemlja

Зямля

Kopno

краіна

Morje

мора

Otok

востраў

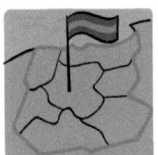

Narod

нацыя

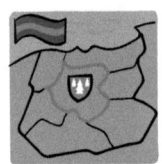

Država

дзяржава

Številčnica

цыферблат

Urni kazalec

гадзінная стрэлка

Minutni kazalec

хвілінная стрэлка

Sekundni kazalec

секундная стрэлка

Koliko je ura?

Колькі часу?

Dan

дзень

Čas

час

Zdaj

зараз

Digitalna ura

электронны гадзіннік

Minuta

хвіліна

Ura

гадзіна

тыдзень

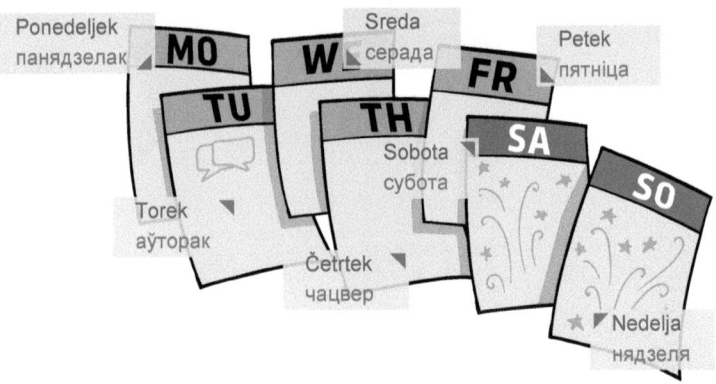

Ponedeljek
панядзелак

Torek
аўторак

Sreda
серада

Četrtek
чацвер

Petek
пятніца

Sobota
субота

Nedelja
нядзеля

Včeraj
ўчора

Danes
сёння

Jutri
заўтра

Jutro
раніца

Poldne
абед

Večer
вечар

Delovni dnevi
працоўныя дні

Konec tedna
выхадныя

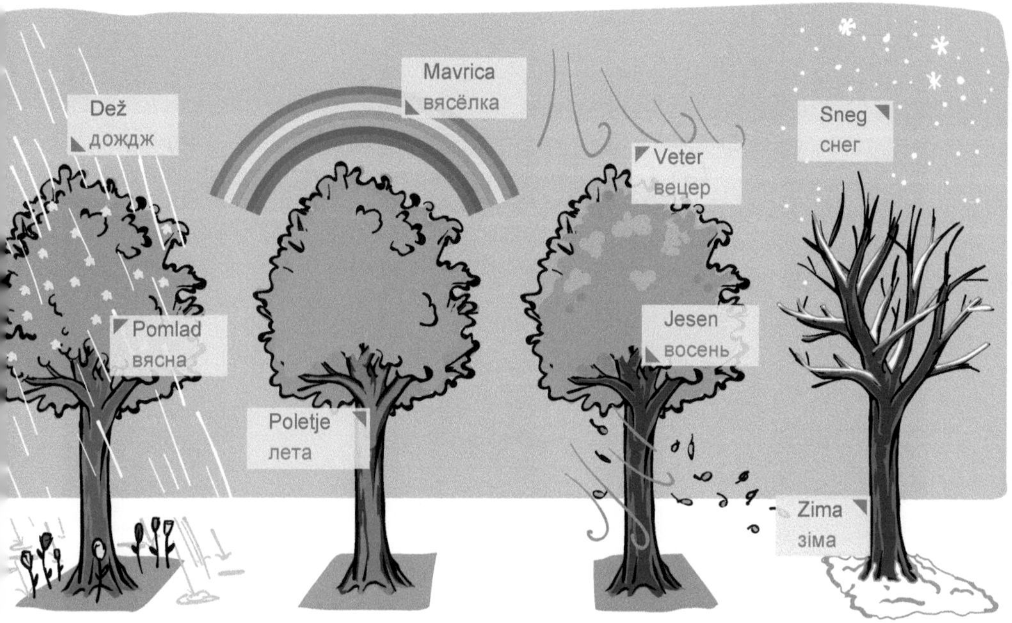

Dež
дождж
Mavrica
вясёлка
Veter
вецер
Sneg
снег
Pomlad
вясна
Jesen
восень
Poletje
лета
Zima
зіма

4.APRIL 11°
5.APRIL 4°
6.APRIL 13°
7.APRIL 8°
8.APRIL 10°

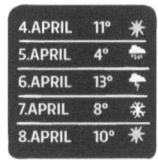

Vremenska napoved

прагноз надвор'я

F C
120 90 60 30 0 -30
40 30 20 10 0 -10 -20

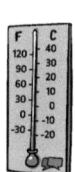

Termometer

градуснік

Sončna svetloba

сонечнае святло

Oblak

воблака

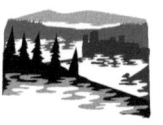

Megla

туман

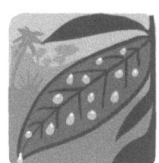

Vlažnost

вільготнасць паветра

Strela

маланка

Grom

гром

Nevihta

бура

Toča

град

Monsun

мусонны вецер

Poplava

прыліў

Led

лёд

Januar

студзень

Februar

люты

Marec

сакавік

April

красавік

Maj

май

Junij

чэрвень

Julij

ліпень

Avgust

жнівень

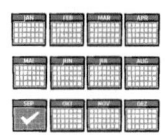

September

верасень

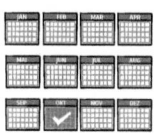

Oktober

кастрычнік

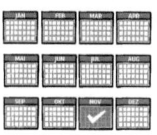

November

лістапад

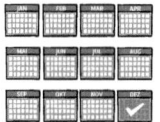

December

снежань

Oblike
формы

Krogla

круг

Kvadrat

квадрат

Pravokotnik

прамавугольнік

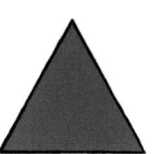

Trikotnik

трохвугольнік

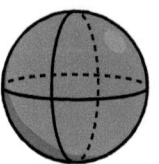

Krogla

шар

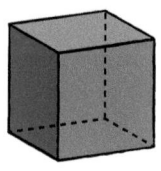

Kocka

куб

Bela

белы

Rumena

жоўты

Oranžna

аранжавы

Rožnata

ружовы

Rdeča

чырвоны

Vijolična

фіялетавы

Modra

сіні

Zelena

зялёны

Rjava

карычневы

Siva

шэры

Črna

чорны

veliko / malo

шмат / мала

jezno / umirjeno

злы / добры

lepo / grdo

прыгожы / брыдкі

začetek / konec

пачатак / канец

veliko / majhno

высокі / малы

svetlo / temno

светлы / цёмны

brat / sestra

сястра / брат

čisto / umazano

чысты / брудны

popolno / nepopolno

поўны / няпоўны

dan / noč

дзень / ноч

mrtvo / živo

мёртвы / жывы

široko / ozko

шырокі / вузкі

užitno / neužitno

ядомы / неядомы

zlobno / prijazno

злы / добры

vznemirjeno / zdolgočaseno

узбуджаны / нудны

debelo / vitko

тоўсты / тонкі

prvo / zadnje

першы / апошні

prijatelj / sovražnik

сябар / вораг

polno / prazno

поўны / пусты

trdo / mehko

цвёрды / мяккі

težko / lahko

важкі / лёгкі

lakota / žeja

голад / смага

bolano / zdravo

хворы / здаровы

nezakonito / zakonito

нелегальны / легальны

pametno / neumno

разумны / дурны

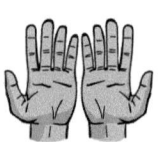

levo / desno

левы / правы

blizu / daleč

побач / далёка

novo / rabljeno

овы / былы ва ўжыванні

nič / nekaj

нічога / нешта

staro / mlado

стары / малады

vklopljeno / izklopljeno

укл / выкл

odprto / zaprto

адчынены / зачынены

tiho / glasno

ціхі / гучны

bogato / revno

багаты / бедны

prav / narobe

правільна / няправільна

grobo / gladko

шурпаты / гладкі

žalostno / veselo

сумны / шчаслівы

kratko / dolgo

кароткі / доўгі

počasi / hitro

павольны / хуткі

mokro / suho

вільготны / сухі

toplo / hladno

цёплы / халаднаваты

vojna / mir

вайна / мір

0
Ničla

нуль

1
Ena

адзін

2
Dva

два

3
Tri

тры

4
Štiri

чатыры

5
Pet

пяць

6
Šest

шэсць

7
Sedem

сем

8
Osem

восем

9
Devet

дзевяць

10
Deset

дзесяць

11
Enajst

адзінаццаць

12

Dvanajst

дванаццаць

13

Trinajst

трынаццаць

14

Štirinajst

чатырнаццаць

15

Petnajst

пятнаццаць

16

Šestnajst

шаснаццаць

17

Sedemnajst

сямнаццаць

18

Osemnajst

васямнаццаць

19

Devetnajst

дзевятнаццаць

20

Dvajset

дваццаць

100

Sto

сто

1.000

Tisoč

тысяча

1.000.000

Milijon

мільён

Angleščina

английская

Ameriška angleščina

англійская (Амерыка)

Mandarinščina

кітайская мандарынская

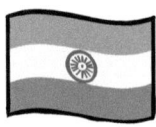

Hindujščina

хіндзі

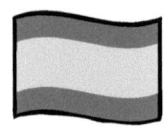

Španščina

іспанская

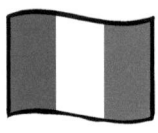

Francoščina

французская

Arabščina

арабская

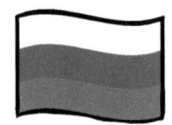

Ruščina

руская

Portugalščina

партугальская

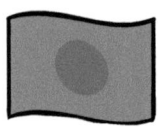

Bengalščina

бенгальская

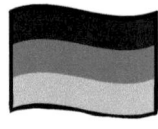

Nemščina

нямецкая

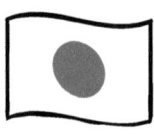

Japonščina

японская

Jaz

я

Ti

ты

On / ona / tisto

ён / яна / яно

Mi

мы

Vi

вы

Oni

яны

Kdo?

хто?

Kaj?

што?

Kako?

як?

Kje?

дзе?

Kdaj?

калі?

Ime

імя

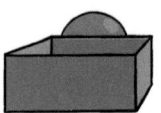

Zadaj

за

V

у

Pred

перад

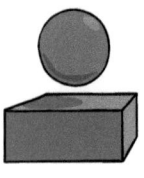

Nad

над

Na

на

Pod

пад

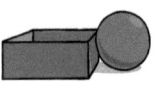

Poleg

каля

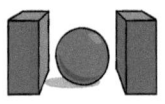

Med

паміж

Kraj

месца